BEI GRIN MACHT SICH IHR WISSEN BEZAHLT

- Wir veröffentlichen Ihre Hausarbeit,
  Bachelor- und Masterarbeit

- Ihr eigenes eBook und Buch -
  weltweit in allen wichtigen Shops

- Verdienen Sie an jedem Verkauf

Jetzt bei www.GRIN.com hochladen
und kostenlos publizieren

Swenja Rolfes

Die Schritte der ethischen Entscheidungsfindung

Anwendung anhand eines Fallbeispiels

GRIN Verlag

Bibliografische Information der Deutschen Nationalbibliothek:

Die Deutsche Bibliothek verzeichnet diese Publikation in der Deutschen National-
bibliografie; detaillierte bibliografische Daten sind im Internet über http://dnb.d-
nb.de/ abrufbar.

Impressum:

Copyright © 2012 GRIN Verlag GmbH
Druck und Bindung: Books on Demand GmbH, Norderstedt Germany
ISBN: 978-3-656-46715-1

Dieses Buch bei GRIN:

http://www.grin.com/de/e-book/230532/die-schritte-der-ethischen-entscheidungs-
findung

GRIN - Your knowledge has value

Der GRIN Verlag publiziert seit 1998 wissenschaftliche Arbeiten von Studenten, Hochschullehrern und anderen Akademikern als eBook und gedrucktes Buch. Die Verlagswebsite www.grin.com ist die ideale Plattform zur Veröffentlichung von Hausarbeiten, Abschlussarbeiten, wissenschaftlichen Aufsätzen, Dissertationen und Fachbüchern.

Besuchen Sie uns im Internet:

http://www.grin.com/

http://www.facebook.com/grincom

http://www.twitter.com/grin_com

Fachhochschule Jena

Fachbereich Sozialwesen

7. Semester

BA Soziale Arbeit

Hausarbeit

1.030 Ethik: Soziale Arbeit – eine moralische Profession?

DIE SCHRITTE DER ETHISCHEN ENTSCHEIDUNGSFINDUNG.

ANWENDUNG ANHAND EINES FALLBEISPIELS

Swenja Rolfes

INHALTSVERZEICHNIS

1. EINLEITUNG

„Mit der Dimension des Sozialen ist das Problem der Moral untrennbar verbunden. Soziale Beziehungen haben immer moralische Qualität, ob als Konkurrenz oder Kooperation, ob als Hilfe oder Dienstleistung. Wo Moral eine Rolle spielt, ergeben sich moralische Probleme und damit auch die Notwendigkeit, sich über sie Gedanken zu machen, also für Ethik"[1].

In der vorliegenden Hausarbeit geht es um die ethische Entscheidungsfindung. Dieses Thema ist für das Berufsfeld der Sozialen Arbeit notwendig, denn schließlich geht es täglich um das Wohl und Schicksal von Menschen. Entscheidungen die in der Praxis gefällt werden haben immer auch Auswirkungen. Nicht selten können bestimmte Sichtweisen oder auch Entscheidungen anderer nicht nachvollzogen werden oder sind mit dem eigenen Gewissen nicht vereinbar. Auch kann es zu Rat- und Hilflosigkeit bei bevorstehenden Entscheidungen in einem Fall, kommen. Damit ethische Konflikte nicht entstehen, sich nicht ausbreiten bzw. schnell behoben werden können, kann die Auseinandersetzung und Anwendung von einem entsprechenden Modell hilfreich sein.

Zwei entsprechende Modelle, die auch immer verschiedene Vorgehensschritte enthalten, werden in Kapitel 3 vorgestellt. Neben der Darstellung der einzelnen Schritte werde ich für die Anwendung ein Fallbeispiel hinzuziehen, um dem Ganzen einen praktischen Bezug zu geben und auch um den Vorgang dadurch anschaulicher gestalten und verdeutlichen zu können.

Der Fall stammt aus der Praxis und wird für die Verwendung dieser Arbeit anonymisiert dargestellt, damit keinerlei Rückschlüsse oder Verbindungen zu der eigentlichen Person geschlossen werden können. Worum der Fall konkret handelt, wird in Abschnitt 2 vorgestellt.

In Kapitel 3 komme ich zum Hauptteil, nämlich zu den bereits erwähnten Schritten der ethischen Entscheidungsfindung. Dabei werde ich zu Anfang kurz auf deren Bedeutung für die Soziale Arbeit eingehen, um mich dann anschließend der Darstellung der einzelnen Modelle zu widmen. Hier konzentriere ich mich auf die beiden Modelle von Baum und Tschudin. Es gibt zwar noch andere Modelle und Konzepte, da die Darstellung aller aber den Rahmen dieser Hausarbeit sprengen würde, habe ich mich für diese zwei entschieden. Diese werden vorab in eigenen Abschnitten kurz dargestellt, um im Anschluss dann auf den dann bereits dargestellten Fall Bezug bzw. Anwendung nehmen zu können.

Zu guter Letzt wird die Arbeit mit einem Fazit abgeschlossen.

---

[1] (Schneider, 2006 S. 12f.)

2. DARSTELLUNG EINES FALLBEISPIELS AUS DER PRAXIS

Der folgende Fall handelt von einer 19-jährigen psychisch beeinträchtigten jungen Frau namens Anna. Anna lebt seit etwa 5 Monaten in einer sozialtherapeutischen Wohngruppe für psychisch beeinträchtigte Jugendliche und junge Erwachsene. Zuvor lebte sie für einen längeren Zeitraum von etwa 2 Jahren – unterbrochen durch mehrmaligen Klinikaufenthalt – in einer sozialpädagogischen Wohngruppe. Hier hat sie sich, auch bedingt durch ihr Störungsbild, nicht wohl und angenommen gefühlt. Sie hat sich immer weiter zurückgezogen und mehr und mehr selbstverletzendes Verhalten an den Tag gelegt. Durch Einzelgespräche mit der für sie zuständigen Sozialarbeiterin kam heraus, dass dieses Verhalten zum Teil auch dadurch zu begründen war, dass sie lieber in der Klinik, als in der sozialpädagogischen Wohngruppe leben wollte und dieses Ziel permanent verfolgte.

Der Wechsel in die sozialtherapeutische Wohngruppe hat sich auf ihre Person und auf ihr Störungsbild positiv ausgewirkt. Ihr Gemütszustand wurde immer fröhlicher und sie hat sich mehr und mehr der Gruppe geöffnet. Sie blickte optimistisch in die Zukunft. Anna hat kein selbstverletzendes Verhalten mehr gezeigt oder angedeutet und musste in dieser Zeit keinen Klinikaufenthalt durchleben. Stattdessen wurde im Alltag der Wohngruppe mit ihr therapeutisch auf verschiedener Weise gearbeitet. In dieser Zeit hat sie die Wohngruppe immer wieder als ihr «zu Hause» bezeichnet und sich auch mit den anderen Bewohnern angefreundet.

Nach etwa 4 Monaten Aufenthalt gab es zwischen Anna und ihren Eltern einen großen Konflikt. Zudem stellte der bevorstehende, lang erwünschte Schulbesuch, eine große Veränderung dar und löste in ihr eine große Unsicherheit aus. Sie befand sich nach langer Zeit wieder in einer Krise und zog sich immer weiter zurück. Hinzu kam, dass sie in regelmäßigen Abständen den Drang sich selbst zu verletzen und die damit verbundenen Gedanken äußerte, denen aber nicht nachkam. Emotional wurde sie immer instabiler.

Nach intensiven Gesprächen ging es Anna oftmals kurzzeitig besser. Dennoch besserte sich ihr Gemütszustand auch nach wochenlanger intensiver Arbeit kaum. Sie konnte nicht allein sein, suchte viel Aufmerksamkeit und wirkte sehr traurig. Sie fiel immer weiter in ihr altes Schema und Störungsbild zurück und zeigte keinerlei Motivation daran arbeiten zu wollen. Die Überlegung von der Leitung, sie wieder für einige Zeit in den Händen der Klinik zu geben scheiterte, da Anna bei dem Vorgespräch keinerlei Willen und Motivation, für eine erneute therapeutische Behandlung und Veränderung ihres Zustandes, zeigte.

Trotz der Ansicht, dass die jetzige Maßnahme für Anna die Richtige ist, wurde in den Teamsitzungen fast einstimmig beschlossen, dass sie die Wohngruppe verlassen muss, sofern sich ihre Einstellung und Motivation innerhalb der nächsten 2 Wochen nicht ändert.

3. DIE SCHRITTE DER ETHISCHEN ENTSCHEIDUNGSFINDUNG

3.1 Bedeutung für die Soziale Arbeit

„Menschliches Handeln ist immer durch Gründe bestimmt. Wir entscheiden uns für oder gegen eine Handlung aufgrund einer inneren Stellungnahme, die ihrerseits auf Gründen beruht"[2]. So auch in der Tätigkeit als Sozialarbeiter. Gerade wenn es um Entscheidungen über das Wohl der Klienten geht, so handelt es sich hierbei auch um ethische Annahmen, die bewusst, unbewusst, reflektiert oder auch völlig urteilslos sein können. Die Reflexion des eigenen Handelns und der eigenen Meinung ist allerdings ein Aspekt, der für profes- sionelles Handeln unabdingbar ist. Das bedeutet aber nicht, dass ein Zusammenspiel zwischen der fachlichen Kompetenz und der ethischen Einstellung erst erforderlich ist, wenn eine Problemsituation entsprechende Handlungen erfordert. Ethik gehört nach Baum zur fachlichen Kompetenz und beide müssen dauerhaft miteinander verknüpft sein.[3] Da nicht jeder Mensch und somit auch nicht jeder Sozialarbeiter die gleichen Wert- und Moralvorstellungen hat, sind in Problemsituationen oder auch wenn es um Entschei- dungen, die sich um das Wohl des einzelnen Klienten drehen, Konflikte vorprogrammiert. Die Konflikte können bspw. darin bestehen, dass – wie in dem dargestellten Fallbeispiel – Entscheidungen der Kollegen für einen selbst nicht nachvollziehbar und vertretbar sind, aber auch, dass in bestimmten Situationen eventuelle Ratlosigkeit auftritt, da verschiede- ne Handlungen auch verschiedene Konsequenzen mit sich bringen und somit auch Ent- scheidungen schwer fallen können.

In der Literatur gibt es verschiedene Modelle und Methoden zur ethischen Entschei- dungsfindung. Sie stellen aber keine Musterlösungen für jeden möglichen ethischen Kon- flikt dar. Allerdings können und sollen sie bewirken, dass das eigene Handeln reflektiert wird und auch ein Nachdenken über das Handeln der anderen erfolgt, welches Auswir- kungen für die Beteiligten bzw. Betroffenen hat[4].

---

[2] (Martin, 2007 S. 249)
[3] (vgl. Baum, 1996 S. 94f.)
[4] (vgl. Eisenmann, 2006, S. 121)

Demnach ist für es für die Tätigkeit als Sozialarbeiter erforderlich, „Wege oder Methoden zu finden, wie eine Entscheidung unter Berücksichtigung ethischer Grundsätze und Prinzipien erfolgen kann und auch sollte"[5].

„Kein Modell der Urteilsbildung garantiert jedoch, dass unser tatsächliches Handeln auch wirklich „richtig" oder „gut" ist"[6].

3.2 Darstellung & Anwendung anhand des vorgestellten Sachverhalts

3.2.1 Entscheidungsfindungsprozess nach Baum

Für die ethische Entscheidungsfindung empfiehlt Herrmann Baum eine systematische Vorgehensweise, die seiner Ansicht nach immer wieder einzuüben ist[7]. Es handelt sich dabei um ein Modell, was aus 3 Stufen besteht, die im Folgenden kurz erläutert werden.

Anfangs regt er dazu an, die eigene *Weltanschauung* kritisch zu überprüfen, denn seiner Auffassung nach, ist sie die Grundlage für eine hilfreiche Ethik im Problemfall[8]. Eisenmann merkt an, dass der Weltanschauungsbegriff als Wortwahl zu überdenken ist. Seiner Ansicht nach wären Bezeichnungen wie „das Menschenbild oder die innere Einstellung/Überzeugung, wesentlich prägnanter und weniger ideologisch besetzt"[9].

Im zweiten Schritt wird nun der *ethische Begründungstyp* bestimmt, der sich aus der persönlichen Weltanschauung ergibt und somit nicht frei wählbar ist[10]. „Das bedeutet, dass sich mit einer persönlichen Überzeugung von Sachverhalten auch eine spezifische Sichtweise verbindet, die wiederum zu einem bestimmten Verhalten führt"[11]. So gibt es Sozialarbeiter, die mit der Pflichtethik verbunden sind und ihre Tätigkeit mit voller Zufriedenheit und Zuverlässigkeit ausführen. Ein anderer wiederum geht etwa genauso in seiner Tätigkeit als Sozialarbeiter auf und erfüllt sie ebenso, nur mit dem Unterschied, dass er zudem Ursachenforschung und -bearbeitung in Bezug auf die sozialen Problemlagen seiner Klienten betreibt. Somit setzt er auch den Grundstein für sein weiteres Ziel, der Veränderung der bestehenden Verhältnisse des einzelnen Klienten[12].

---

[5] (ebd.)
[6] (Körtner, 2004 S. 165)
[7] (vgl. Baum, 1996 S. 153)
[8] (vgl. ebd. S. 153f.)
[9] (Eisenmann, 2006 S. 121)
[10] (vgl. Baum, 1996 S. 153)
[11] (Eisenmann, 2006 S. 121)
[12] (vgl. ebd. S. 122)

Drei Fragen stehen für Baum im dritten und somit letzten Schritt, dieses Entscheidungsfindungsprozesses, im Zentrum. So richtet er sich in seinem Modell auf ein konsequentes und widerspruchsfreies Dranbleiben in Bezug auf

    a. die persönliche ethische *Motivation*

    b. das von einem selbst angenommene ethische *Prinzip* und

    c. das eigens aufgestellte *Ziel* des ethischen Handelns.[13]

Eisenmann erläutert diesen letzten Schritt folgendermaßen:

„Jeder, der einen Beruf ergreift, tut dies aus einer bestimmten inneren Einstellung heraus und setzt sich ein Ziel, das aus einer prinzipiellen Überlegung heraus entsteht. Für den Sozialarbeiter [...] kommt in verstärkter Form das ethische Kriterium hinzu, da er es in seiner Tätigkeit ausschließlich mit Menschen und deren Belangen zu tun hat"[14].

Für die Anwendung des Modells zeigt Baum Fragen auf, die sich auf eine Methodisch-sachliche Ebene und auf die (Berufs-)ethische Ebene beziehen. Auf der ersten Ebene – der Methodisch-sachlichen Ebene – stehen folgende zwei Fragen zur Beantwortung[15]:

    I.   „Worin besteht das Problem im Wesentlichen, zu dessen Lösung das eigene Helfen beitragen soll, [sic] und welche Ursachen erklären sein Zustandekommen?

    II. Welche Problem-Lösungen sind prinzipiell theoretisch vorstellbar und praktisch umsetzbar?"[16]

Das Problem im oben dargestellten Fall besteht im Wesentlichen darin, dass Anna durch ihr Verhalten und ihrer fehlenden Motivation ihren Platz in der Wohngruppe gefährdet, die Klinik sie auch nicht aufnehmen möchte und es demnach fraglich ist, was mit ihr nach einem eventuellen «Rausschmiss» passiert. Das ethische Problem liegt somit auch in der Frage, ob man es als pädagogisches Team verantworten kann, sie einfach fallen zu lassen. Gerade auch wenn man sich einig ist, dass sie mit den Maßnahmen durch die Wohngruppe auf einem guten Weg ist, ein eigenständiges Leben mit ihrer Erkrankung in Zukunft führen zu können. Wenn sie aus der Wohngruppe entlassen wird, liegt es an dem Jugendamt eine geeignete Maßnahme für sie zu finden. Kann eine mangelnde Motivation, vor dem Hintergrund einer kurzzeitigen Krise, solch eine Entscheidung begründen?

Vorstellbar und umsetzbar wäre vor allem die Lösung, die zeitliche Frist ein wenig nach oben zu setzen. Denn 2 Wochen ist eine relativ kurze Zeit, wenn man bedenkt, dass das Störungsbild, von dem Anna begleitet wird von depressiven Phasen heimgesucht wird.

---

[13] (vgl. Baum, 1996 S. 153f. & Eisenmann, 2006 S. 122)
[14] (Eisenmann, 2006 S. 122)
[15] (vgl. Baum, 1996 S. 154f.)
[16] (ebd., S. 154)

Zeitlichen Druck auszuüben kann ein Weg sein. Dass man aber innerhalb von 2 Wochen erkennt, ob jemand wirklich motiviert ist weiter an seinem Problem zu arbeiten und entsprechende Motivation und Willen zeigt, ist denke ich erst auf einen längeren Zeitraum ersichtlich. Hier würde ich eine Zeitspanne von etwa 4 Wochen vorschlagen, auch wenn es meiner Ansicht nach der falsche Weg ist zeitlichen Druck auszuüben. Das sich was ändern muss, ist nicht abzustreiten, allerdings könnte man zu allererst Anna selbst fragen, was sie möchte und wie sie sich ihren weiteren Weg vorstellt. Wenn sie wirklich in der Wohngruppe bleiben möchte könnte man entweder die Methoden, wie mit ihr gearbeitet wird verändern oder durch einen Wechsel des Bezugsbetreuers[17] versuchen, etwas zu erreichen und so auch die Einzelarbeit verändern. Denn schließlich arbeitet jeder Einzelne im Team unterschiedlich. Auch wäre es sicherlich hilfreich an dem auslösenden Problem mit den Eltern intensiver zu arbeiten und diese in die Arbeit mit Anna auch intensiv mit einzubeziehen. Das heißt zum einen Elternarbeit, Einzelarbeit mit Anna und gemeinsame Sitzungen. Diese Lösung erfordert für eine Zusammenarbeit natürlich auch den Willen und die Motivation der Eltern. Sicherlich finden sich noch weitere Lösungen, aber die genannten Überlegungen zeigen zum einen, dass es nicht nur die eine Lösung gibt, sondern dass man in bestimmten Fällen mehrere Optionen zur Verfügung hat.

Nachdem die ersten beiden Fragen geklärt sind, stellt sich an dieser Stelle die Frage der besten Lösung. Für die Beantwortung dieser Wert-Frage gibt es kein richtig und kein falsch. Je nachdem aus welchem Blickwinkel sie betrachtet und beantwortet wird, ergeben sich die unterschiedlichsten Lösungen. So wird jemand, der einen schnellen Erfolg aufbringen muss, sich unter Umständen für eine schnelle Lösung entschließen. Jemand, der nur die wirtschaftliche Situation des Vereins im Blick hat, wird sich auf das Kosten-Nutzen-Verhältnis stützen usw.[18]. In dem dargestellten Sachverhalt kann man sich demnach durchaus auch an dem Kosten-Nutzen-Verhältnis orientieren, allerdings sollte als Sozialarbeiter der einzelne Klient im Fokus stehen. An dieser Stelle könnte jetzt das Argument zu Trage kommen, dass Anna einem anderen potenziellen Klienten, der wirklich motiviert ist und an sich und den Umgang mit seiner Erkrankung arbeiten möchte, diesen Platz in der Wohngruppe streitig macht. Allerdings sollte man sich auch dann die Frage nach den Auswirkungen für Anna stellen. Je nachdem, welchen ethischen Standpunkt man beruflich und persönlich vertritt und wie man seine Rolle als Sozialarbeiter auffasst, so unterschiedlich wird die jeweilige Lösung ausfallen.

Für die (Berufs-) ethische Ebene sind folgende Fragen relevant:

---

[17] Jeder Wohngruppenbewohner hat einen Bezugsbetreuer, der sich um dessen Belange kümmert und im Alltag und in Einzelgesprächen intensiv mit dem Jugendlichen/jungen Erwachsenen arbeitet.
[18] (vgl. Baum, 1996 S. 154)

I. „Welche der praktikablen Lösungsmöglichkeiten respektieren den Selbstwert (die menschliche Würde, die Selbstbestimmung) der Betroffenen? Nur sie kommen prinzipiell in Betracht.

II. Welche der praktikablen und den Selbstwert der Betroffenen respektierenden Lösungen hat

   a) das größte Hilfspotential und

   b) das kleinste Schadenspotential

im Hinblick auf alle Betroffenen?

Im Idealfall heißt das: Welche der Lösungen

   a) hilft so weit wie möglich allen Betroffenen und

   b) schadet niemanden?"[19]

Wenn wir uns nun wieder auf den Fall beziehen, erkennt man, dass die genannten Lösungsvorschläge alle soweit kein voraussehbares Schadenspotential beinhalten. Stattdessen orientieren sie sich darauf das bestmöglichste Hilfsangebot für Anna zu erzielen. Auch in Bezug auf das Team bzw. auf die Wohngruppe lässt sich keinen voraussichtlichen Schaden erkennen. Würde man allerdings die Lösung bevorzugen, die in Kapitel 2 und somit im vorgestellten Sachverhalt am Ende zu lesen ist, könnte man zu dem Schluss kommen, dass es sich hierbei um eine Lösung handelt, die für den Betroffenen – in diesem Fall Anna – keine guten Absichten mit sich bringt und Anna mehr Schaden als Hilfe geben würde.

Bei der Beantwortung der Fragen nach Baum auf der (Berufs-) ethischen Ebene, sind bei der Abhandlung immer wieder folgende Regeln einzuhalten:

I.   Berücksichtigung von den voraussehbaren Folgen des Handelns und den dabei zum Einsatz kommenden Mitteln.

II.   Grundsätzliche notwendige Hilfe (z.B. lebenserhaltene) hat Vorrang vor der Vermeidung eines Schadens, der dadurch Dritten zugefügt werden würde.

    Bsp.: Wenn ein Raum, der ansonsten für Jugendfreizeitangebote genutzt wird, Asylbewerbern die Möglichkeit auf eine vorrübergehende Unterkunft bietet, so hat die Entscheidung zugunsten für die Asylbewerber auszusehen, da ihre Bedürfnisse höher stehen, als die der Jugendlichen auf Freizeitangebote.[20]

III.   „Hilfsmaßnahmen, die der Respekt vor dem Selbstwert der Betroffenen verlangt, haben höheren Rang als die Berücksichtigung von Sekundärinteressen (an

---

[19](Baum, 1996 S. 155)
[20] (vgl. ebd.)

Dienstwerten) anderer Betroffener"[21]. Bsp.: Kauf von Nahrungsmitteln und Klei-
dung für Bedürftige hat, gegenüber einem Kauf einer Tischtennisplatte für ein Ju-
gendzentrum Vorrang.

IV.   Die Beantwortung der Fragen sollte in Kooperation erfolgen und auch die Stellungnahme der Betroffenen einbeziehen.

V.   Die Letztentscheidung kann dem handelnden Sozialarbeiter in seinem Kompe-
tenzbereich nicht abgenommen werden, selbst wenn es um die Zustimmung zu
Mehrheitsbeschlüssen geht.[22]

Das Modell nach Baum ist, da es sehr präzise und wenig Komplexität mit sich bringt,
durchaus für eine alltägliche Entscheidungsfindung anwendbar. Wichtig bei der Anwendung ist allerdings, dass man sich dieses Modell und vor allem die Ebenen mit den Fragen und Regeln verinnerlicht. Denn nur so kann auch sichergestellt werden, dass man in
seinem Entscheidungsfindungsprozess keinen entscheidenden Aspekt vernachlässigt
oder gar vergisst. Zudem bietet es sich an, dieses Modell gemeinsam im Team anzuwen-
den. Gerade die Lösungssuche kann mit Hilfe eines Brainstormings im Team zu den unterschiedlichsten Ergebnissen führen und ggf. auch das eigene Denkmuster erweitern.
Nicht selten ist man in Problemsituationen so blockiert, dass einem manche Lösungen
nicht einfallen oder auch unmöglich erscheinen. Ein Austausch bietet intensive Auseinandersetzung und Einsicht in den Problemfall und dessen möglichen Lösungen.

3.2.2   Entscheidungsfindungsprozess nach Tschudin

Dieses 4-Schritte-Modell wurde ursprünglich für die Pflegepraxis entwickelt, was aber
nicht heißt, dass es für andere Professionen nicht anwendbar wäre.

Das Modell ist in folgenden vier Schritten aufgeteilt:

---

[21] (ebd.)
[22] (vgl. ebd. S. 155f.)

| 1. Schritt: Erkennung bzw. Analyse des Problems |
| 2. Schritt: Planung möglicher Lösungen |
| 3. Schritt: Aus- bzw. Durchführung |
| 4. Schritt: Auswertung bzw. Evaluation |

In der ersten Phase des Prozesses soll mit Hilfe der *Analyse* ein klares Verständnis des vorliegenden Problems erfolgen. Hierfür ist die Beantwortung verschiedener Fragen vorgesehen[23], „die sich um die Art, das Entstehen, die Schwierigkeit des Problems drehen, nach den betreffenden Werten, den beteiligten Personen und nach dem erwarteten Ergebnis fragen"[24].

In Bezug auf den Fall um Anna bietet sich zum einen das Problem der Gefährdung um ihren Platz in der Wohngruppe, was durch ihr Verhalten und ihre Motivationslosigkeit bedingt ist. Für das Entstehen sind bislang der Konflikt zwischen den Eltern und Anna, sowie ihre Unsicherheit bzgl. der bevorstehenden schulischen Veränderung, bekannt. Im Vordergrund steht Anna als Hauptbeteiligte Person sowie das Team und die Leitung der Wohngruppe, zudem könnte man die Eltern als Beteiligte des Problems hinzuziehen. Das erwartete Ergebnis ist eine positive Veränderung von Annas Verhalten und ihrer Motivation. Was genau Anna möchte kann an dieser Stelle nicht geklärt werden, dazu fehlen an dieser Stelle entsprechende Kenntnisse.

Die zweite Phase konzentriert sich auf die verschiedenen *Lösungsmöglichkeiten.* Bei der Erarbeitung werden inhaltliche Kriterien einbezogen und auch Fragen spielen in dieser Phase erneut eine Rolle[25]. So stehen „Fragen nach der Kurz- oder Langfristigkeit und den Folgen des Vorgehens, danach, ob zur Problemlösung eine oder mehrere Entscheidun-

---

[23] (vgl. Eisenmann, 2006 S. 122f.)
[24] (ebd., S. 123)
[25] (vgl. ebd.)

gen notwendig sind, aber auch nach der beruflichen Verantwortung, nach den Werten"[26] zur Beantwortung.

Hier können die Lösungsmöglichkeiten wie schon beim Modell nach Baum erwähnt (siehe Kap. 3.2.1) als Beispiel aufgezeigt werden: Also Änderung der Herangehensweise bzw. der Methoden wie mit Anna gearbeitet wird; mehr Zeit für Verhaltensänderung ist erforderlich; Wechsel des Bezugsbetreuers; Elternarbeit; Befragung von Anna nach ihren Wünschen, Zielen und Vorstellungen für den weiteren Verlauf – in diesem Zusammenhang könnte man ihr auch ihre Konsequenzen und Möglichkeiten, die ihr bei keiner weiteren Änderung und Motivationssteigerung passieren, aufzeigen. Nachdem Lösungsmöglichkeiten aufgezeigt wurden, stellen sich in dieser zweiten Phase bei Tschudin nun die Fragen nach der Kurz- oder Langfristigkeit, des Vorgehens, der Verantwortung, den Werten usw. usf. An dieser Stelle fällt nun auf, dass dieses Modell bei der Bearbeitung von Problemen sehr ins Detail geht. Würde man den Fall um Anna an dieser Stelle nun weiter bearbeiten wollen, sind viele weitere Informationen erforderlich. Zudem wäre es hilfreich, wenn nicht sogar erforderlich diese im Team zu besprechen und zu erarbeiten.

Nachdem die ersten beiden Phasen bewältigt sind, folgt im nächsten Schritt die *Aus- bzw. Durchführung*. Hier wird nun festgelegt, welche Handlung erfolgen soll und wer diese ausführt. Außerdem wird entschieden auf welche Art und zu welchem Zeitpunkt dies geschehen soll[27].

Abschließend erfolgt die *Auswertung bzw. die Evaluation*. Hier gilt es zu überprüfen, ob das Problem durch diesen Prozess und der daraus resultierenden Entscheidung gelöst werden konnte. Zudem wird geschaut, ob ein Aspekt dieser Entscheidung nun allgemeine Gültigkeit hat, inwieweit einem vorrangigen Wert Geltung verschaffen wurde und ob man diese Entscheidung in einer gleichen oder ähnlichen Situation in Zukunft wieder genauso treffen würde. Außerdem stellt sich zum Ende dieser Phase und des Prozesses die Frage, welche Person bzw. welche Personen nun einen Nutzen aus dieser Entscheidung gezogen hat bzw. haben[28].

Das dargestellte Modell nach Tschudin hat aufgrund seiner Komplexität den Nachteil, dass es sich schlecht zwischendurch, insbesondere für eine schnelle Entscheidungsfindung anwenden lässt[29]. Auch wenn das Modell in verschiedene Schritte eingeteilt, so sollte man es dennoch nicht ausschließlich wie ein Checkliste abhaken. Denn aufgrund einer umfangreichen und sorgfältigen Bearbeitung der einzelnen Schritte und Fragen, können

---

[26] (ebd.)
[27] (vgl. ebd.)
[28] (vgl. Eisenmann, 2006 S. 123)
[29] (vgl. ebd.)

so auch die bestmöglichen Lösungen gefunden werden. Durch diese intensive Auseinandersetzung mit dem Problem bietet sich zudem die Möglichkeit, dass schon während der Bearbeitung eine bessere Einsicht und Offenheit in der Bearbeitung für das Problem erfolgen kann.

4. FAZIT

Für professionelles Handeln ist eine Auseinandersetzung mit der eigenen ethischen Einstellung erforderlich. Beides, fachliche Kompetenz und der ethische Aspekt müssen dauerhaft miteinander verknüpft sein und nicht erst wenn Problemsituationen entsprechende Handlungen erfordern. Da in der Tätigkeit als Sozialarbeiter oftmals Problemsituationen auftauchen, in denen Entscheidungen gefällt werden müssen, wo es oftmals um das Wohl von Menschen geht, ist es wichtig sich dies zu verinnerlichen.

Für bevorstehende Situationen, in denen ethische Entscheidungen erforderlich sind, ist es ratsam sich schon vorab mit verschiedenen Modellen/Konzepten, die eine Entscheidungsfindung im ethischen Kontext vereinfachen, auseinanderzusetzen und sich mit dem Umgang vertraut zu machen. Seine eigene ethische Einstellung zu finden bzw. zu erkennen und seine Handlungen und auch die der anderen zu reflektieren, wäre zudem ratsam. Denn jedes Handeln in der sozialarbeiterischen Tätigkeit hat auch Auswirkungen, ob positiv oder negativ, in welchem Grad auch immer. „Kein Modell der Urteilsbildung garantiert jedoch, dass unser tatsächliches Handeln auch wirklich „richtig" oder „gut" ist"[30].

Das Modell nach Baum, wie auch das von Tschudin beinhaltet viele Fragen, die es in dem Entscheidungsfindungsprozess zu beantworten und zu reflektieren gilt. Beide lassen sich gut im Team anwenden. Teamarbeit kann gerade in Konfliktsituationen sehr hilfreich sein und ist sehr empfehlenswert. Es ermöglicht einen anderen Blickwinkel und zum Teil auch einen offeneren Zugang zu dem vorhandenen Problem. Vor allem wenn man sich im Denken so blockiert, ratlos wie in einer Sackgasse fühlt. Allerdings erfordert es dazu auch, dass sich das ganze Team darauf einlässt und niemand auf seiner Lösung beharrt.

Das Modell nach Baum lässt sich dadurch, dass es nicht ganz so komplex ist, wie das von Tschudin und durch die präzisen Fragen und einfache Handhabung nicht ganz so viel Zeit erfordert, gut in der alltäglichen Praxis anwenden. Es eignet sich zudem auch gut für eine alleinige Entscheidungsfindung. Durch dieses 3-Schritte-Modell ist eine Reflexion seiner eigenen alltäglichen Handlungen möglich und es lässt sich gut auf die meisten Fälle anwenden. Anhand des Falles um Anna konnte dies verdeutlicht werden.

---

[30] (Körtner, 2004 S. 165)

Tschudins Modell hingegen, ist mehr teamorientiert angelegt. Für eine Anwendung zur alleinigen Entscheidungsfindung ist es meiner Ansicht zu komplex gestaltet. Das Gute und ein wirklich positiver Aspekt an diesem Modell ist meiner Meinung nach die Auswertung bzw. Evaluation. Hier bietet sich die Möglichkeit das Vorgehen zu reflektieren und genau zu schauen, was gut verlief, was man hätte besser machen können, was die Entscheidung und Handlungen letztendlich bewirkt hat und ob man es zukünftig genauso bzw. was anders machen würde. Dieses Modell bietet eine sehr intensive und detaillierte Auseinandersetzung mit dem vorhandenen Problem/Fall. Weshalb ich zu dem Schluss gekommen bin, dass sich dieses Modell vor allem oder gerade für Probleme/Fälle eignet die sehr komplex sind und eine Teamarbeit und –entscheidung benötigen. Den Fall um Anna habe ich aus den besagten Gründen deshalb nicht intensiv genug an diesem Modell anwenden können. Aber dennoch habe ich mich für dieses zweite Modell in meiner Ausarbeitung entschieden, um einmal auch diesen Aspekt zu veranschaulichen und weil ich dieses 4-Schritte-Modell nach Tschudin neben dem Modell nach Baum als sehr geeignet für die Tätigkeit in der Sozialen Arbeit empfinde.

QUELLENVERZEICHNIS

Baum, Herrmann. 1996. *Ethik sozialer Berufe.* Paderborn : Verlag Ferdinand Schöningh GmbH

Eisenmann, Peter. 2006. *Werte und Normen in der Sozialen Arbeit.* Stuttgart : W. Kohlhammer GmbH

Körtner, Ulrich H.J. 2004. *Grundkurs Pflegeethik* . Wien : Facultas Verlags- und Buchhandels AG

Martin, Ernst. 2007. *Sozialpädagogische Berufsethik. Auf der Suche nach dem richtigen Handeln.* 2. Auflage. Weinheim und München : Juventa Verlag

Schneider, Johann. 2006. *Gut und Böse - Falsch und Richtig. Zu Ethik und Moral der sozialen Berufe.* 3. Auflage. Frankfurt am Main : Fachhochschulverlag. Der Verlag für angewandte Wissenschaften